Pilotes de

PHANTOM

17-8440

PATRICK BAUDRY PRÉSENTE

Pilotes de PHANTOM

Robert F. Dorr

EDITIONS ATLAS

PATRICK BAUDRY
présente dans cette collection les avions
du monde entier.
Le seul astronaute français à avoir effectué
une mission de 7 jours à bord de la navette
spatiale Discovery (Mission 51-G, 17-24 juin 1985)
est pilote de chasse et pilote d'essai
breveté de la célèbre Empire Test
Flying School.

WIM DANNAU
dirige la présente collection.
Ce journaliste spécialisé en aviation et espace
a volé sur 32 appareils de combat différents,
atteignant Mach 2.34 lors d'un essai à
Edwards AFB. Ses reportages sont publiés
dans le monde entier.

Édité par :
France : ÉDITIONS ATLAS s.a.,
89, rue La Boétie, 75008 Paris.
Belgique : ÉDITIONS ATLEN s.a.,
avenue Georges-Rodenbach 4,
1030 Bruxelles.

Traduction : Patrick Facon

Conception-réalisation : Dennis Baldry.
Maquette : David Tarbutt.

Première publication en MCMLXXXIX
par Osprey Publishing Ltd.,
59, Grosvenor Street, London W 1X9DA,
sous le titre original « Phantoms Forever ».

Réalisation française : Touraine Compo.
Dépôt légal : mai 1991.
Imprimé à Hong Kong.
ISBN : 2-7312-1062-1

A gauche : *Patrick Baudry lors de l'entraînement à la NASA avant sa mission spatiale à bord de la navette Discovery du 17 au 24 juin 1985. Il raconte son aventure dans* ***« L'ESPACE HABITÉ »*** *et dans* ***« L'ESPACE HABITÉ SOVIÉTIQUE »****, publiés aux Éditions Atlas.*

A droite : *Wim Dannau devant le véhicule le plus étonnant qui ait jamais volé, le LEM lunaire des missions Apollo. Cette extraordinaire épopée est à revivre en lisant* ***« 12 HOMMES SUR LA LUNE »****, publié aux Éditions Atlas.*

Couverture : ce F-4E Phantom II du 35th Tactical Fighter Wing, basé à George AFB (Californie), a été photographié lors d'une sortie d'entraînement au-dessus d'un paysage désertique, en mai 1974.

Page de titre : le 5 201e et dernier Phantom II construit provenait non pas de la firme McDonnell Douglas mais de l'avionneur japonais Mitsubishi, seul producteur de cet appareil extérieur aux États-Unis.

Page ci-contre : ce F-4C Phantom II (63-7412) photographié lors d'une visite à la base de Tyndall AFB (Floride) appartenait au 191st Fighter Interceptor Group de l'Air National Guard du Michigan, basé à Selfridge. Cette formation entama sa transformation sur F-4D au cours de l'année 1986 *(H.J. van Broekhuizen).*

Ayant assuré la maîtrise du ciel pour le compte de l'US Air Force et de l'US Navy pendant près d'un quart de siècle, le McDonnell F-4 Phantom II est sans doute le plus important et le plus connu des chasseurs à réaction américains de ces trente-cinq dernières années. Des Phantom II continueront à voler bien après la fin de la présente décennie au sein de nombreuses forces aériennes de par le monde. Le F-4 a longtemps constitué une référence incontournable en matière d'avions de combat, et il le demeure en partie encore aujourd'hui.
Dans les pages qui suivent figurent des photographies de Phantom qui n'avaient jamais été publiées auparavant. Des Phantom postcombustions allumées, des Phantom portant les cocardes de la force aérienne d'autodéfense japonaise, des Phantom arborant des marques de victoires contre des MiG et bien d'autres encore. Ces clichés constituent un hommage mérité à un avion qui fut sans doute un des meilleurs chasseurs américains de tous les temps.
Si les chaînes de montage du Phantom ont cessé de fonctionner depuis de nombreuses années, nul doute que des avions de ce type voleront encore longtemps.

Robert F. Dorr

Auteur du livre *McDonnell Douglas F-4 Phantom II* dans la collection Air Combat, publiée chez Osprey, Robert F. Dorr n'a cessé de rechercher des photographies relatives à la carrière de cet avion. Historien et passionné d'aviation, il s'intéresse plus particulièrement aux chasseurs produits par la firme McDonnell, comme le montre le livre qu'il a écrit sur le F-101 Voodoo chez Osprey en mars 1987.
Le présent ouvrage constitue une nouvelle approche de la part d'Osprey, dans le sens où il réunit des photographies provenant d'auteurs différents. La réalisation de ce livre n'aurait pas été possible sans l'active collaboration de Charles W. Arington, du Flight Lieutenant Ian Black, de Robert L. Burns, du Flight Lieutenant Tristram J. Carter, du docteur Joseph G. Handelman, du Colonel G.F. Robert Hanke, du Major James Rotramel, du Captain Keith Svendsen et de Douglas R. Tachauer. Des clichés ont été fournis par divers autres photographes, dont les noms figurent à côté de leurs œuvres.
Après avoir vécu à Londres pendant quatre ans avec sa femme et ses deux enfants, Robert F. Dorr a rejoint Washington DC, où il travaille comme diplomate à l'US Department of States.
Ce livre est plus spécialement dédié au Major Robert A. Lodge, qui fut crédité de trois victoires sur des MiG avant d'être lui-même descendu par un MiG-19 le 10 mai 1972.

Page ci-contre : alignement de F-4 Phantom II de l'Air National Guard à Andrews AFB (Maryland) le 1er mars 1986. Ces avions attendaient de s'envoler pour Ramstein AB, en Allemagne, en vue d'assurer la relève provisoire du 86th Tactical Fighter Wing de l'US Air Force, en cours de transformation sur General Dynamics F-16 Fighting Falcon
(Joseph G. Handelman).

Sommaire

Happy Hooligans
67478
Duluth
65640
CALIFORNIA
50747
CALIFORNIA
602
Duluth
65595
Duluth

Phantom de la Navy

McDonnell Douglas F-4J Phantom du Squadron VF-74 Be-Devilers de l'US Navy sur le point d'être catapulté à partir du porte-avions USS *Forrestal* (CV-59), le 2 août 1977. Les spécialistes chargés de cette opération portent un blouson de couleur verte. Noter la livrée particulière qu'arbore l'appareil, due à l'imagination de l'artiste Keith Ferris *(Robert L. Burns)*.

NAVY

NAVY

VF-103
NAVY
110

Page ci-contre, en haut : F-4J Phantom II portant le camouflage imaginé par Keith Ferris en train d'apponter sur l'USS *Forrestal* le 2 août 1977. Cet appareil appartient au Squadron 74, une des premières unités de l'US Navy transformées sur Phantom II au début des années soixante. Aujourd'hui, le Squadron 74 vole sur Grumman F-14 Tomcat *(Robert L. Burns).*

Page ci-contre, en bas : F-4J Phantom II appartenant au Squadron VF-103 Sluggers photographié sur la base de NAS Oceana (Virginie), avec une livrée à faible visibilité. Noter la perche de ravitaillement en vol déployée. Oceana est une des bases de la côte est des États-Unis qui accueillent les unités embarquées sur le porte-avions USS *Saratoga* *(James Rotramel).*

Ci-dessus : F-4J Phantom II (155529) du Squadron VF-171 photographié à Key West en novembre 1981 *(James Rotramel).*

USS FORRESTAL

VF-74
200

200
NAVY

Double page précédente, ci-contre et double page suivante : ces photographies montrent la mise en place et le catapultage d'un F-4J Phantom II (153784) du Squadron VF-74 sur le porte-avions USS *Forrestal,* le 2 août 1977. L'avion qui arbore le code AD-204 est un autre F-4J Phantom II du Squadron 74. Des études menées par l'US Navy ont montré que les pilotes appréhendaient plus les manœuvres d'appontage sur un porte-avions que le combat contre les MiG nord-vietnamiens *(Robert L. Burns).*

200
DANGER
RESCUE
USS FORRESTAL

VF-74
204
USS FORRESTAL

200
USS FORRESTAL

Ci-dessus et page ci-contre : les marques qu'arborent ces F-4J Phantom II indiquent leur appartenance au Strike Test Directorate (STD) du NATC de Patuxent River, où l'US Navy expérimente ses avions de combat et leurs équipements. Le F-4J portant le numéro de série 153839 a été photographié le 6 novembre 1978, le 153768 se caractérisant par des antennes de détecteur d'alerte radar situées au sommet de la dérive
(Robert L. Burns).

3768
NAVAL AIR TEST CENTER
NAVY

Ce F-4B Phantom II portant le numéro de série 152269 et le code ND-102 appartient au Reserve Squadron VF-301, basé à NAS Miramar.
Il a été photographié à Andrews AFB (Maryland) le 10 août 1974. Les pilotes et les officiers d'interception de réserve de l'US Navy volant sur Phantom II étaient qualifiés pour les opérations embarquées
(Joseph G. Handelman).

F-4B Phantom II (150993) du Naval Missile Center
de Point Mugu (Californie), photographié
à Andrews AFB le 24 février 1972
(Joseph G. Handelman).

Les marques qu'arborent les avions de combat actuels sont devenues si peu visibles que seul le numéro 7 se détache distinctement sur la livrée de ce F-4S Phantom II, photographié à Point Mugu le 26 octobre 1985. L'US Navy effectue la plupart des essais de ses missiles air-air et air-surface sur cette base *(Robert L. Burns)*.

7
NAVY

9
EC
1453
F-4B
NAVY
151453r

Phantom du Marine Corps

Le Squadron VMFA-531 Gray Ghosts fut la première unité du Marine Corps à prendre en compte des McDonnell F-4 Phantom II, en l'occurrence en juin 1962, et la première à les mener au combat, en avril 1965.
Le F-4B de la page ci-contre a été photographié sur la base de Da Nang, tout comme le F-4B représenté ci-dessus, avec six paniers à roquettes Zuni et douze bombes Mk 82 de 227 kg *(G.F. Robert Hanke).*

Ce F-4B Phantom très coloré, photographié sur la base d'Andrews AFB en avril 1975, appartient au Reserve Squadron VMFA-321, de l 'US Marine Corps. Cet appareil, pris en compte initialement par l'US Air Force, fut, à l'instar de deux cent vingt-sept autres F-4B, mis aux standards F-4N quelques années plus tard
(Joseph G. Handelman).

Seule unité de transformation opérationnelle du Marine Corps volant sur Phantom II, le Squadron VMFAT-101 est équipé de F-4N. Celui-ci a été photographié sur la base de MCAS Yuma (Arizona)
(James Rotramel).

MG
0456
150456
MARIN
4

10
G
M
3860
VMFA-321
MARINES
10
EG

Page ci-contre, en haut : ce F-4N Phantom II (150456), qui porte le code MG-4, a été photographié à Andrews AFB en mai 1978. L'appareil représenté ici a été réalisé à partir d'un F-4B dont le pilote avait été crédité d'une victoire sur un MiG-17 en mai 1972 *(Joseph G. Handelman).*

Page ci-contre, en bas : F-4S Phantom II (153860) du Squadron VMFA-321 Hells Angels sur la base de NAS Oceana (Virginie), le 19 avril 1986. Extrapolé du F-4J, le F-4S se caractérise par des becs de manœuvre, une avionique plus évoluée et diverses améliorations *(Joseph G. Handelman).*

Ci-dessus : F-4N Phantom II (153036) du Squadron VMFA-321 photographié lors de l'atterrissage, parachute de freinage déployé. Le carénage situé au sommet de l'empennage vertical abrite les antennes du détecteur d'alerte radar *(James Rotramel).*

Double page suivante : F-4N Phantom II(151415) du Reserve Squadron VMFA-112, basé à Dallas, photographié en approche au-dessus de MCAS El Toro (Californie). La version F-4S du Phantom II est dotée de réacteurs produisant moins de fumée que ceux des modèles précédents *(Douglas R. Tachauer).*

MA
1415
151415

A-112
11

Ce F-4N Phantom II (152270), photographié sur
la base de MCAS Beaufort (Caroline du Sud)
le 14 juillet 1986, appartient au Squadron
VMFA-251 Thunderbolts
(Joseph G. Handelman).

La dernière croisière en mer effectuée par le Squadron VMFA-323 Death Rattlers se déroula en octobre 1979, à bord du porte-avions USS *Coral Sea* (CV-43). Quand elle embarqua sur le *Coral Maru,* en avril 1986, pour attaquer des objectifs situés en Libye, cette unité avait été transformée sur McDonnell Douglas F/A-18. L'appareil représenté ici, un F-4N Phantom II, a été photographié sur la base d'Andrews AFB le 29 septembre 1974 *(Joseph G. Handelman).*

VMFA-312
8374
MARINES
DR
12

VMFA-312
5830
MARINES
DR
04

Page ci-contre, ci-dessus et double page suivante : le Marine Corps Aviation comporte trois Marine Aircraft Wings chargés de l'appui de trois divisions, dont les éléments sont répartis entre les côtes est et ouest des États-Unis et le Japon. La base de MCAS Beaufort est la dernière de l'US Marine Corps à accueillir des Phantom II, la dernière unité de ce corps équipée de tels avions étant le VMFA-312 Checkerboards *(Joseph G. Handelman).*

DR

DR
SS

VMFA-312
MARINES
09
09

VMFA-312
ARINES
10

MARINES
CY
4

Page ci-contre : le Marine Corps n'a pris en compte que quarante-six exemplaires de la version de reconnaissance RF-4B. Ces appareils servirent sur de nombreux théâtres d'opérations, quatre d'entre eux étant perdus au Viêt-nam. A l'origine, chaque Marine Air Wing disposait de son propre squadron de reconnaissance, doté de RF-4B : VMCJ-1, basé à Iwakuni (Japon) ; VMCJ-2, à Cherry Point (Caroline du Nord) ; et VMCJ-3, à El Toro. En septembre 1975, tous les RF-4B furent réunis au sein d'une même formation, le VMFP-3, installé à El Toro *(Joseph G. Handelman).*

A la fin de l'année 1962, époque de la crise de Cuba, le Squadron VMFA-531 de l'US Marine Corps, déployé à Key West (Floride), avait été placé en état d'alerte afin de faire face à une attaque éventuelle menée par les MiG-17 de Fidel Castro. En juin 1964, cette unité fut expédiée dans le Pacifique Ouest **(page 43),** puis elle regagna sa base de stationnement en avril 1965.
Lors de leur vol de convoyage vers Atsugi (Japon), en juin 1964 **(ci-dessus),** les F-4B Phantom II qu'alignait ce squadron furent approvisionnés par des ravitailleurs KC-130F Hercules **(page 41)** *(G.F. Robert Hanke).*

Ci-dessus : pour une mission de combat à partir de Da Nang, l'appareil qui est au premier plan emporte des bombes tandis que son équipier est chargé de paniers à roquettes Zuni
(G.F. Robert Hanke).

Ci-contre : le Captain G.F. Hanke (à gauche) et le Captain Edward Janz (à droite), du Squadron VMFA-531, arrivèrent à Da Nang en avril 1965
(G.F. Robert Hanke).

Page 42 : F-4B Phantom II du Squadron VMFA-531 survolant le mont Fuji, au Japon
(G.F. Robert Hanke).

BH
8899
EC

EC
1456
ES

Phantom de l'US Air Force et de l'Air National Guard

Page ci-contre : formation de F-4D Phantom II appartenant au 23rd Tactical Fighter Squadron du 52nd Tactical Fighter Wing, basé à Spangdahlem AB, en Allemagne. Le 52nd TFW a été transformé sur General Dynamics F-16A Fighting Falcon à une date assez récente
(James Rotramel).

Ci-dessus : F-4D Phantom II du 23rd TFS. Le F-4D a été conçu pour que l'US Air Force dispose d'un chasseur bombardier adapté à ses besoins. Soixante et onze de ces avions ont été dotés d'un système de navigation AN/ARN-92 LORAN adapté au théâtre du Sud-Est asiatique
(James Rotramel).

Ci-dessus : F-4C Phantom II du 113th Tactical Fighter Squadron, de l'Air National Guard de l'Indiana, photographiés à Terre Haute en avril 1980. L'avion situé au premier plan est armé de missiles air-air à autodirecteur infrarouge Sidewinder *(James Rotramel).*

Page ci-contre : F-4D Phantom du 23rd Tactical Fighter Squadron, de Spangdahlem, sur le point de s'approvisionner en carburant auprès d'une citerne volante Boeing KC-135 *(James Rotramel).*

RF-4C du 165th Tactical Reconnaissance Squadron du 123rd Tactical Reconnaissance Wing, de l'Air National Guard du Kentucky, photographié au-dessus de l'Illinois en avril 1984. Nombre des cinq cent trois exemplaires du RF-4C produits par McDonnell Douglas ont été abattus au cours des opérations menées par l'aviation américaine en Asie du Sud-Est. Avant de voler sur RF-4C, le 165th TRS utilisait des RF-101H Voodoo *(Douglas R. Tachauer).*

Ci-dessus : F-4C Phantom II (63-7536) du 191st Fighter Interceptor Group, de l'Air National Guard du Michigan, photographié sur la base de Selfridge le 15 septembre 1979 *(James Rotramel).*

Double page suivante : F-4C Phantom II (63-7412) du 191st Fighter Interceptor Group, de l'Air National Guard du Michigan, photographié le 24 octobre 1984 *(H.J. van Broekhuizen).*

U.S. AIR FORCE
WE BAD!

Michigan
37412
AIR NATIONAL GUARD

Niagara Falls
USAF
37428

U.S. AIR FORCE

Double page précédente : ce F-4C Phantom II (63-7428) du 136th FIS, de l'Air National Guard de New York, piloté par le Colonel John Cook, a été photographié au-dessus du lac Ontario. Cette unité a été transformée sur McDonnell Douglas F-15 Eagle en 1987 *(Douglas R. Tachauer).*

Ci-dessus et page ci-contre : ces F-4C Phantom II appartiennent au 136th FIS, de l'Air National Guard de New York, basé à Niagara Falls.
Noter, sur l'appareil 64-0660, les trois marques de victoires sur des MiG *(Douglas R. Tachauer).*

U.S. AIR FORCE
USAF
40661

GA

HF
AF
64
780

Page ci-contre, en haut : F-4E Phantom II (67-0314) du 35th Tactical Fighter Wing au roulage sur la base de George AFB (Californie) en octobre 1981. Avec 1 397 exemplaires produits, le F-4E est le plus prolifique de tous les Phantom II *(Douglas R. Tachauer).*

Page ci-contre, en bas : la base canadienne de Trenton accueille souvent des unités aériennes américaines. Ce F-4C (64-780), photographié en août 1984, appartient au 113th Tactical Fighter Squadron, de l'Air National Guard de l'Indiana *(Douglas R. Tachauer).*

Ci-dessus : le 110th Tactical Fighter Squadron du 131st Tactical Fighter Wing, basé à Saint Louis (Missouri), est la première unité de l'Air National Guard à avoir été dotée de F-4E. Ici, un avion de ce type arborant la livrée dite Europe One photographié au Canada en juin 1986 *(Douglas R. Tachauer).*

F-4C Phantom II (63-7615) du 163rd Tactical Fighter Squadron du 122nd Tactical Fighter Wing, de l'Air National Guard du Nevada, basé à Fort Wayne. Cette photographie a été prise en juillet 1982
(Douglas R. Tachauer).

La nouvelle livrée que portent les avions de défense aérienne américains a reçu le nom d'Egypt One. Ce F-4D Phantom II (66-7688) du 121st Tactical Fighter Squadron, de l'Air National Guard du District of Columbia, a été photographié sur la base d'Andrews AFB le 15 mars 1986 *(Joseph G. Handelman).*

F-4C Phantom II (63-7420) du 111st Fighter Interceptor Squadron, de l'Air National Guard du Texas, photographié sur la base d'Ellington AFB (Texas) le 5 août 1983
(James Rotramel).

F-4C Phantom II (63-7545) de l'Air National Guard de Californie, photographié en avril 1983. Les bandes de vol en formation de couleur jaune figurant sur l'empennage horizontal ont été mises en place sur tous les Phantom II à la fin des années soixante *(Douglas R. Tachauer).*

Ci-dessus : F-4C Phantom II (63-7411) du 550th Tactical Fighter Training Squadron atterrissant à Luke AFB en décembre 1975. Cette base située près de Glendale servit pendant de nombreuses années à la transformation opérationnelle des équipages de Phantom, sous le commandement du General Haeffner, crédité d'une victoire homologuée au Viêt-nam
(James Rotramel).

Ci-dessous : ce RF-4E Phantom II de reconnaissance photographique arborant une livrée grise Compass Ghost n'appartient pas à l'US Air Force, contrairement à ce que pourraient laisser croire les marques qu'il porte, mais à la force aérienne israélienne. Cette photographie a été prise sur la base de Luke AFB le 10 mars 1977, alors que cet appareil était en train de recevoir de nouveaux équipements électroniques avant de prendre le chemin d'Israël
(Robert C. Bush).

DO
650
DO
582

Ci-contre : ces F-4D Phantom II du 89th Tactical Fighter Squadron de l'Air Force Reserve, lourdement chargés et arborant la livrée Europe One, ont été photographiés au-dessus de l'Ohio à plus de 10 000 m d'altitude. Deux des appareils emportent des bombes conventionnelles de 227 kg et les deux autres des missiles air-sol AGM-65E Maverick *(Douglas R. Tachauer).*

Double page suivante : F-4D Phantom II (66-7650) du 89th Tactical Fighter Squadron de l'Air Force Reserve *(Douglas R. Tachauer).*

DO
AF
66 650

Ci-dessus : ce F-4E Phantom II (67-0270) du 414th Fighter Weapons Squadron du 57th Fighter Weapons Wing, commandé par le Colonel William Strand, a été photographié en février 1976 sur la base de Nellis AFB, située près de la célèbre ville de Las Vegas. Un équipage composé du Lieutenant-Colonel Taft et du Captain Imaye a remporté une victoire sur un MiG-21 à bord de cet avion, le 20 juillet 1972, au-dessus du Nord Viêt-nam *(James Rotramel).*

Page ci-contre : premier homme à avoir franchi le mur du son, en 1947, le Colonel Charles E. Yeager commandait le 4th Tactical Fighter Wing en 1968, année au cours de laquelle cette unité fut expédiée en Corée du Sud en raison de la crise née de l'arraisonnement de l'USS *Pueblo* par les Nord-Coréens. Ces photographies représentent le F-4D Phantom II (66-7678) de Yeager peu après le retour du 4th Tactical Fighter Wing aux États-Unis *(Joseph G. Handelman).*

Double page suivante : cet YF-4E (65-0713) du 6512nd TS, de l'Air Force Flight Test Center d'Edwards AFB (Californie), a été photographié lors d'un vol d'essai au-dessus de Rodgers Dry Lake le 11 avril 1984 *(Keith Svendsen).*

SA
AF
67 678

SA
AF
67 678

U.S. AIR FORCE

ED
50713

FORCE
37744

Page ci-contre : le pilote d'essai de l'US Air Force Keith Svendsen a testé de nombreux avions de combat américains, parmi lesquels le F-16XL Fighting Falcon, caractérisé par une voilure en double delta. L'avion représenté ici est un RF-4C Phantom II (63-7744) de l'Air Force Flight Test Center, à bord duquel Svendsen effectua un vol expérimental le 3 septembre 1984 *(Keith Svendsen).*

Double page précédente : YF-4E Phantom II (65-0713) de l'Air Force Flight Test Center, d'Edwards AFB, photographié lors d'un vol d'essai le 11 avril 1984 *(Keith Svendsen).*

Ci-dessus : cet YF-4E Phantom II de présérie a été photographié sur la base de MCAS Yuma le 18 décembre 1972. L'insigne qui figure sur l'empennage vertical de l'appareil fait partie intégrante de l'histoire du Phantom II *(Lars G. Soldeus).*

RESCUE

ED
AF
63 407

Ci-dessus et double page précédente : ce F-4C piloté par le Captain Walsh et utilisé comme avion de poursuite dans le cadre des essais de l'Air Launched Cruise Missile était, au milieu des années quatre-vingt, le plus ancien des Phantom II en service. Noter la livrée Europe One qu'arbore l'appareil
(Keith Svendsen).

Phantom II du 58th Tactical Fighter Training Wing, basé à Luke AFB (Arizona) et commandé par le Colonel Haeffner, photographiés en juillet 1975. Les deux avions arborent la livrée dite TO.114 *(James Rotramel).*

Phantom II (63-7556) du 58th TFTW,
photographié en août 1975, avec la livrée TO.114
(James Rotramel).

Phantom II (63-7631) du 58th TFTW,
photographié en juin 1976, avec la livrée TO.114
(James Rotramel).

Phantom II (64-0820) du 58th TFTW,
photographié en décembre 1975, avec la livrée TO.114
(James Rotramel).

Phantom II (64-0899) du 58th TFTW,
photographié en mars 1976, avec la livrée TO.114
(James Rotramel).

Le Phantom II (63-7584) du Colonel Haeffner, arborant des bandes obliques blanches et noires, photographié en mars 1976. Cet avion avait été baptisé *Adidas*
(James Rotramel).

Phantom II (63-7550) du commandant du 550th Tactical Fighter Training Squadron arborant des bandes obliques blanches et orange, photographié au cours du premier exercice Red Flag, en février 1976
(James Rotramel).

LA
AF
63 550

Phantom II (63-7598) du 58th TFTW, arborant la livrée en deux tons de gris imaginée par Ferris, photographié en juillet 1976 *(James Rotramel)*.

Le Phantom II du commandant du 426th TFTS,
arborant une large bande oblique de couleur jaune,
photographié en mars 1976
(James Rotramel).

Page ci-contre et ci-dessus : ce F-4E Phantom II du 35th Tactical Fighter Wing, basé à George AFB (Californie), a été photographié lors d'une sortie d'entraînement au-dessus d'un paysage désertique, en mai 1974
(James Rotramel).

Double page suivante : bien qu'il porte deux marques de victoires, ce F-4E Phantom n'a en fait été crédité que d'un seul MiG-21, abattu au moyen d'un missile air-air Sidewinder le 31 mai 1972, par un équipage du 13th Tactical Fighter Squadron composé du Captain Leonard et du Captain Feinstein. Feinstein fut le cinquième et dernier as américain de la guerre du Viêt-nam *(Douglas E. Slowiak).*

Missouri
SL
AF
68
338

WW
AF
69 287

Page ci-contre : F-4G Wild Weasel (69-7287) du 563rd Tactical Fighter Squadron (code de dérive WW) décollant de la base de George AFB en août 1981. Cent seize F-4E ont été mis aux standards F-4G en vue de conduire des missions de lutte antiradar et de guerre électronique *(James Rotramel).*

Ci-dessus : ce F-4C Phantom II (64-829) fut l'avion personnel du Colonel Robin Olds, commandant du 8th Tactical Fighter Wing. C'est à son bord que l'officier remporta deux des quatre victoires dont il fut crédité pendant la guerre du Viêt-nam. Après avoir servi au sein du 182nd TFS (149th TFG) de l'Air National Guard du Texas, cet appareil fut cédé à l'US Air Force Museum en avril 1986 *(David W. Menard).*

DC

Page ci-contre : bien qu'il porte une marque de victoire, ce F-4D Phantom II (66-7661) ne semble avoir été crédité d'aucun succès sur un MiG. L'avion appartient au 121st Tactical Fighter Squadron (113th Tactical Fighter Wing) de l'Air National Guard du District of Columbia, basé à Andrews AFB
(Joseph G. Handelman).

Ci-dessus : en 1967, le 398th TFS (366th TFW) fut engagé, comme bien d'autres unités de l'US Air Force, dans la campagne de bombardement Rolling Thunder, menée au-dessus du Nord Viêt-nam. Ce F-4C Phantom II (64-0797) a été photographié à l'époque sur la base de Da Nang, au Sud Viêt-nam
(Charles W. Arrington).

XT
665

Page ci-contre : F-4C Phantom du 12th Tactical Fighter Wing, à Cam Ranh Bay, au Sud Viêt-nam, en septembre 1967. Cette base, créée de toutes pièces par les Américains, accueille aujourd'hui des chasseurs et des bombardiers soviétiques *(Norm Malayney).*

Ci-dessus : RF-4C Phantom du 460th Tactical Reconnaissance Wing, commandé par le General Robert Holbury, photographié sur la base de Tan Son Nhut, près de Saigon, le 19 février 1968. L'avion situé à gauche a été touché par des tirs de mortier lors d'une attaque menée par le Viêt-cong contre cette base *(Nicholas M. Williams).*

Ci-dessus : les bandes de fuselage rouges et bleues indiquent que ce F-4D Phantom II (66-7554) appartient au 555th TFS (432nd Tactical Reconnaissance Wing), basé à Udorn, en Thaïlande, en 1969. Cet appareil servait dans une autre unité, le 435th TFS, lorsque, le 6 novembre 1967, manœuvré par un équipage composé du Captain Simmonds et du First Lieutenant McKinney, il fut crédité de deux victoires sur des MiG-17 *(G.R. Zesinger)*.

Page ci-contre : F-4D Phantom II du 8th Tactical Fighter Wing, basé à Ubon, en Thaïlande, sur le point d'être ravitaillé par un KC-135 pendant les derniers jours de l'opération Linebacker, en 1972. L'avion est armé de bombes en grappes *(John Huggins)*.

Ci-dessus : ce F-4E Phantom II (67-0272) appartenant au 481st Tactical Fighter Squadron (366th Tactical Fighter Wing), basé à Takhli, en Thaïlande, a été photographié au mois de juillet 1972 alors qu'il se dirigeait vers Hanoi. Le canon que le F-4E reçut au cours de la guerre du Viêt-nam ne constitua jamais un facteur décisif dans les combats aériens livrés contre les avions nord-vietnamiens. La plupart des victoires obtenues par l'US Air Force le furent grâce à des missiles air-air Sidewinder *(John Huggins).*

Page ci-contre, en haut : F-4D Phantom II (66-7554) du 89th TFS (906th TFG), de l'US Air Force Reserve, basé à Dayton (Ohio). L'appareil, photographié en août 1982, arbore deux marques de victoires sur des MiG *(Charles W. Arrington).*

Page ci-contre, en bas : ayant été crédité de deux victoires sur des MiG, le F-4D (66-7554) reçut le nom de baptême de *City of Fairborn*. Noter les cocardes à faible visibilité qu'arbore l'appareil *(Charles W. Arrington).*

City of FAIRBORN
HOME OF THE BUCKEYE PHANTOMS
DANGER
EJECTION SEAT AND CANOPY
PULL HANDLE TO JETTISON CANOPIES
ESCUE
STEP
21
21
REMOVE BEFORE FLIGHT

City of FAIRBORN
DO
AF 66 554

Page ci-contre : ces deux photographies montrent un F-4D Phantom II (66-7661) crédité d'une victoire sur un MiG, photographié sur son aire de stationnement et au décollage en mars 1986 *(Joseph G. Handelman).*

Ci-dessous : cette photographie d'un F-4N (150456) du Squadron VMFA-321, de l'US Marine Corps, prise en avril 1978, montre la marque de victoire peinte sur la plaque d'entrée d'air du réacteur de droite. Le MiG-17 représenté ici a été abattu le 6 mai 1972 par un équipage du Squadron VF-51 composé du Lieutenant Commander Huston et du Lieutenant Moore *(Joseph G. Handelman).*

7

Phantom d'exportation

Page ci-contre et ci-dessus : Phantom FGR Mk 2 du Squadron 19 de la Royal Air Force photographié au-dessus de la Norvège septentrionale en août 1982. Le Squadron 19 est basé à Wildenrath, en Allemagne *(Ian Black)*.

A l'exception des avions de ce type en service dans le Squadron 74, tous les Phantom II de la Royal Air Force ont reçu une livrée de défense aérienne gris clair et des marques à faible visibilité *(Ian Black)*.

Ce Phantom FGR Mk 2 de la Royal Air Force, photographié en 1982, porte un camouflage tactique vert, gris foncé et gris clair, mais les réservoirs de carburant auxiliaires sous voilure ont reçu une livrée de défense aérienne gris clair *(Ian Black).*

Depuis 1977, les Phantom du Squadron 19 effectuent des patrouilles de combat aérien au-dessus du secteur britannique en Allemagne, en compagnie d'avions du même type appartenant au Squadron 92. Les capacités d'accélération que confèrent les deux réacteurs à double flux Rolls-Royce Spey à ces appareils se révèlent fort utiles pour ce type de mission
(Ian Black).

Le Phantom FGR Mk 2 est doté d'un radar AWG-12 et peut emporter une impressionnante panoplie d'armes, dont un canon de 20 mm, quatre missiles air-air Sky Flash à moyenne portée et quatre missiles air-air AIM-9 Sidewinder à courte portée. En dépit de l'entrée en service du Tornado F Mk 3, deux squadrons de Phantom de la RAF continueront à prendre part à la défense aérienne de l'Allemagne *(Ian Black).*

Au cours de l'opération Corporate, visant à la reconquête des Malouines, plusieurs Phantom du Squadron 29 furent convoyés de Wideawake à l'île de l'Ascension en vue de faire face à une éventuelle agression argentine *(Tristram Carter)*.

Pour assurer la défense aérienne des Malouines, les Britanniques décidèrent d'y expédier un certain nombre d'intercepteurs. Manœuvré par le Wing Commander Ian McFayden, commandant du Squadron 29, et par le Squadron Leader Simpson, navigateur, le premier Phantom affecté à cette tâche se posa à Port Stanley le 17 octobre 1982, plusieurs mois après la reconquête des îles par les forces britanniques. McFayden avait pris l'air depuis l'île de l'Ascension, pour un vol de plus de 6 200 km, d'une durée de 8 h 45 min, nécessitant sept ravitaillements en vol par Victor K Mk 2. L'élément du Squadron 29 détaché à Port Stanley reçut la désignation de Squadron 23 en mars 1983 *(Tristram Carter)*.

Les Phantom du Squadron 23 sont soutenus par des ravitailleurs Hercules C Mk 1 appartenant au Flight 1312. Ici, un Phantom armé de missiles AIM-9 Sidewinder en cours de ravitaillement en vol
(Tristram Carter).

ROYAL AIR FORCE
213
213

Phantom FGR Mk 2 patrouillant au-dessus d'un paysage typique des îles Malouines *(Tristram Carter).*

Depuis la reconquête des Malouines par les forces expéditionnaires britanniques, en 1982, les Phantom FGR Mk 2 du Squadron 23 montent une garde vigilante *(Tristram Carter).*

Perche de ravitaillement en vol déployée, un Phantom s'approche d'un Hercules C Mk 1 en vue de s'approvisionner en carburant *(Tristram Carter)*.

Le Phantom FGR Mk 2 XV495, du Squadron 23, basé à Port Stanley (Malouines), s'apprête à décoller. F-4M de fin de série, cet appareil a été livré à la Royal Air Force en septembre 1970 en vue de servir au sein du Squadron 6, installé à RAF Coningsby. Le F-4M est la seule version du Phantom II dotée d'une batterie destinée au lancement des réacteurs
(Tristram Carter).

70285
I-285

Page ci-contre, ci-dessus et page suivante :
la force aérienne turque figure parmi les principaux utilisateurs du Phantom extérieurs aux États-Unis. Ici, des F-4E portant les marques turques photographiés le 14 novembre 1985 *(Robbie Shaw).*

70289
DANGER

Ci-dessus : F-4EJ Phantom II appartenant au 305e escadron de chasse de la force aérienne d'autodéfense japonaise, photographié à Komatsu le 6 juin 1982. Cet appareil s'écrasa au sol quelques mois plus tard, en septembre de la même année, et fut ferraillé *(Hidelki Nagakubo).*

Double page suivante : F-4EJ Phantom II du 301e escadron de chasse de la force aérienne d'autodéfense japonaise, photographié le 8 février 1978. Cet appareil fait partie des quelques F-4EJ réalisés à Saint Louis avant le transfert de la production chez Mitsubishi *(Masumi Wada).*

309
DANGER

37-8309

RF-4E Phantom II de l'AKG 51 de la Luftwaffe, photographié lors d'une visite sur la base de RAF Alconbury, en Grande-Bretagne. Quatre-vingt-huit des cent cinquante RF-4E produits furent exportés en Allemagne
(Michael A. France).

Ci-dessus : F-4F Phantom II du JG 71, photographié à Wittmund le 24 avril 1976 *(Klaus Wiesbrock).*

Double page suivante : F-4F Phantom II (72-1257), photographié sur la base de Wittmund le 28 avril 1984. L'Allemagne a pris en compte cent soixante-quinze exemplaires de cette version du Phantom *(via Robert F. Dorr).*

Dernière page : F-4E Phantom II (67-0238) du 222e régiment de chasse de la force aérienne égyptienne, photographié sur l'aéroport de Cairo West en mars 1983 *(Donald L. Jay).*

NOTFALL
RESCUE

38

70238